[illegible]

[illegible] LES VÉGÉTAUX ET LES ANIMAUX [illegible]

[illegible] DELAUNAY de Fontenay [illegible]

TOURS

IMPRIMERIE LAD[illegible]

1858.

COUP-D'ŒIL

SUR

LA GÉNÉRATION

DANS

LES VÉGÉTAUX ET LES ANIMAUX

PAR

H.-F. DELAUNAY de Fontenay.

TOURS

IMPRIMERIE LADEVÈZE.

1858.

A MONSIEUR

ALPHONSE NEVEU

Souvenir de nos causeries,

Témoignage d'estime et d'affection.

M Neveu, en me renvoyant mon manuscrit qu'il venait de lire avait eu la gracieuseté d'y joindre cet excellent sonnet : je ne puis en sincérité approuver les louanges qu'il me donne, mais je me plais à y reconnaître un échantillon du talent de mon spirituel ami.

SONNET.

A mon ami DELAUNAY.

Le style qui revêt une noble pensée
La fait apprécier à sa juste valeur.
La science a sa muse ; une page sensée
Par tous les bons esprits fait chérir son auteur.

Donc je vous ai compris et, bien que peu versée
Dans les écrits savants qui font votre bonheur,
En lisant votre phrase habilement tracée,
Mon âme, du sujet, a saisi la grandeur.

Je voudrais, comme vous, pouvoir tirer le voile
Des mystères de Dieu, découvrir une étoile,
Par leur utilité marquer tous mes succès ;

Mais je suis ignorant ; si j'aime la science,
C'est quand un style heureux traduit l'expérience ;
Car mon plus grand plaisir est de parler français.

Tours, ce 4 juillet 1858.

A. NEVEU.

SOMMAIRE.

DIVISION EN TROIS PARAGRAPHES.

§. I.

BOTANIQUE.

Qu'est-ce que la génération? — Sexes des plantes. — Hermaphrodisme. — Plantes dioïques et monoïques. — Description de la fleur, enveloppes, étamines et pistil. — Rôle de chaque organe dans le phénomène de la fécondation. — Comment et où s'opère la fécondation : boyau pollinique ; graine, ovule, germination. — Opinion des botanistes allemands sur les sexes des plantes, et la vertu prolifique du pollen. — Circonstances qui favorisent ou empêchent la fécondation : vallisnérie, épine-vinette. — Époque de la fécondation.

§. II.

ZOOLOGIE.

1re SECTION.

Lois qui régissent la génération dans le règne animal : 1° Loi d'amour; 2° Loi des germes — Qu'est-ce que la génération spontanée ; existe-t-elle ? — Description anatomique de l'organe générateur mâle chez l'homme : testicules, vasses déférents, vésicules séminales, verge. Sperme, sa nature, sa composition. — Description des zoospermes. — Appareil génital de la femme : vulve, vagin, utérus, ovaires. — Physiologie de l'acte générateur. — Données du problème de la génération. — Hypothèse d'Hippocrate. — Hypothèse d'[illegible].

physiologie de la menstruation. — Système des Ovaristes. — Système de l'Epigénèse. — Système des Animalculistes. — Système éclectique. — Discussion de ce système. — Transformations des êtres. — Phases de la vie embryonaire.

2e SECTION.

Génération des Ovipares — Description de l'appareil génital des deux sexes dans les oiseaux. — Instinct admirable de ces animaux pour leur progéniture. — Ponte et nidification. — Incubation.

Génération des Serpents : Pourquoi ces reptiles sont-ils appelés vipères?

Génération des Poissons : Appareil génital du mâle. — Laite ou liqueur séminale. — Ovaires de la femelle. — Ponte et fécondation des œufs : circonstances qui accompagnent ces deux phénomènes. Génération des insectes.

3e SECTION.

Génération des Hermaphrodites.

Génération des Gemmipares.

Génération des Fissipares.

§. III.

CONCLUSION.

1re SECTION.

Comparaison des deux règnes. — État des connaissances botaniques. — Différences de structure : absence d'organe copulateur, réunion de l'utérus et des ovaires dans un même organe. — Analogies : présence du placenta, mode de fécondation, etc. — Dans les deux règnes la fonction qui perpétue l'espèce ne s'accomplit qu'après l'entier développement de l'individu. — Transformations de l'embryon chez les végétaux correspondant aux diverses phases de la vie embryonaire chez les animaux.

2e SECTION.

Caractères de classification. — Les organes générateurs fournissent des caractères précieux et d'une valeur considérable pour la classification. — L'inspection de l'appareil génital peut faire préjuger justement de la conformation physique, du degré de moralité, des mœurs même de l'individu. — Il faut savoir apprécier la valeur du caractère qu'on choisit. — Classification de Cuvier pour la zoologie. — Possibilité d'en établir une analogue pour les végétaux.

3e SECTION.

Marche à suivre dans le problème de la génération. — Pourquoi la connaissance plus approfondie des cryptogames pourrait nous mettre sur la trace de la solution cherchée. — Difficultés qui entravent les recherches. — Moyen de les faire disparaître ou de les atténuer. — Méthode philosophique.

Un sujet aussi vaste demanderait, pour être traité à fond, plus de développements que n'en comportent les limites de cette note. Les obscurités qui enveloppent le problème que j'aborde, — si elles ne sont impénétrables, — ne s'effaceront jamais qu'aux éclairs du génie, ne céderont peut-être qu'à la puissance du hasard. Dans une question si difficile et si controversée, mon rôle devait être modeste : il se bornera à exposer successivement la structure et le mode d'action des organes générateurs dans les deux règnes ; à en noter les analogies et les différences ; enfin à tirer de cette comparaison des conclusions qui tendraient à imprimer aux études sur ce sujet une nouvelle direction. Mon mérite, — si ces pages en ont quelqu'un, — sera celui que donnent à la rédaction l'exactitude et la clarté.

---

§. I.

BOTANIQUE.

DÉFINITION. — On appelle *génération* la faculté qu'ont les végétaux et les animaux de perpétuer leur espèce en produisant un individu de même nature qu'eux.

Au premier aspect la puissance de reproduction paraît beaucoup plus considérable chez les premiers, les chances de réussite semblent beaucoup plus nombreuses ; l'industrie humaine, en opérant artificiellement ce qui dans le règne animal est laissé au soin de la nature, a encore augmenté cette puissance et multiplié ces hasards. Nous laisserons de côté ces moyens artificiels pour nous occuper exclusivement de ceux que la nature emploie.

MODE DE REPRODUCTION. — Quelques botanistes distinguent deux modes de reproduction : celui qui se fait par les bourgeons ; celui qui résulte du rapprochement des deux sexes. Cette distinction ne me paraît pas fondée. Le développement du bourgeon constitue l'accroissement de l'individu, mais non sa reproduction. Le bourgeon, il est vrai, contient comme l'embryon l'ébauche d'un être semblable à celui aux dépens duquel il vit ; il a sous son enveloppe résineuse des racines qui puisent dans la branche des sucs nécessaires à son alimentation, une tige, des rameaux, des feuilles; il est encore vrai que le rameau, qui, à la fin du printemps, résulte de son développement, est bien en petit l'image de l'arbre qui l'a nourri; mais ce rameau fait partie intégrante du végétal, n'existe pas séparément, et par conséquent il n'y a pas eu reproduction. Au contraire la graine formée par le rapprochement des sexes enferme un nouvel être apte à se développer dans des circonstances données, indépendamment de l'individu sur lequel elle a pris naissance.

DISTINCTION DES SEXES. — Les organes générateurs ont deux fonctions différentes à remplir, et sont distingués en organes mâles et femelles selon qu'ils élaborent la liqueur prolifique ou contiennent le sac membraneux dans lequel cette liqueur descend pour former l'embryon.

Chez les végétaux l'ensemble des organes destinés à la reproduction s'appelle *fleur*. La fleur la plus complète est composée de quatre verticilles, ou ensemble d'organes placés dans un même plan autour du rameau.

DESCRIPTION DE LA FLEUR. — Le verticille le plus extérieur est formé par le *calice*, enveloppe verte et foliacée. Le second par la *corolle* dont les *pétales* offrent souvent les couleurs les plus brillantes et les plus variées; le troisième par les *étamines* ou organes mâles; chaque étamine se compose d'un *filet*, sorte de tige mince et flexible terminée par un double renflement nommé *anthère*. L'anthère est constituée par deux vésicules qui contiennent la poussière fécondante ou *pollen*. Le quatrième verticille qu'on désigne quelquefois sous le nom de *pistil* se compose de la réunion des organes femelles. Chacun de ces organes présente à sa base un renflement creux qui est l'*ovaire*; l'ovaire contient de petits sacs membraneux suspendus à ses parois suivant des lignes symétriques : ces sacs sont les *ovules*, ces lignes les *placentas*. Cet organe que sa structure et ses fonctions rapprochent de l'utérus des animaux, est surmonté d'une tige longue qui s'épanouit en forme de houppe, de plume ou autrement ; cette tige est le *style ;* son épanouissement qu'on nomme *stigmate* est destiné à retenir le pollen et à favoriser la fécondation.

TRANSFORMATION DES FEUILLES. — Sépales du calice, pétales de la corolle, anthère de l'étamine, ovaire et stigmate du pistil, tous ces organes proviennent de feuilles plus ou moins modifiées et dont il est facile de suivre les transformations. Ainsi, laissant de côté la corolle et le calice qui présentent des analogies frappantes avec les feuilles, si on considère attentivement l'étamine, on verra que le filet provient d'un pétiole allongé, et que l'anthère a été formée par l'inflexion des limbes vers la nervure médiane. Dans le pistil, l'ovaire provient d'un enroulement semblable, mais ici la nervure médiane en se prolongeant a formé le style et le stigmate. Ainsi la branche avec ses rameaux et ses feuilles reproduit dans de moindres proportions l'ensemble du végétal, la feuille a comme la branche une tige moyenne et des ramifications latérales, et il n'est pas jusqu'au plus petit organe, jusqu'à la plus frêle étamine qui ne présente en raccourci tous les détails de l'arbre le plus gigantesque.

VÉGÉTAUX HERMAPHRODITES. — Les fleurs sur lesquelles se trouvent réunis les organes des deux sexes sont *hermaphrodites*. Il arrive parfois que sur le même individu il y ait des fleurs mâles et des fleurs femelles, dans ce cas on dit que le végétal est *monoïque*, mais lorsque les sexes sont séparés et portés par des individus distincts, on dit que la plante est *dioïque*.

ROLES DES ORGANES SEXUELS DANS L'ACTE GÉNÉRATEUR. — Quelques détails sont indispensables sur la structure et le mode d'action des organes générateurs que nous avons seulement nommés. L'anthère est le plus souvent composée de deux loges dont les parois par une sorte de sécrétion forment le *pollen*. Celui-ci a l'apparence d'une poussière jaunâtre, dont la grosseur des grains varie avec les espèces : leur forme est tantôt ovale, tantôt sphérique, tantôt polyédrique, la plupart du temps régulière. Un examen plus prolongé montre que chaque grain est enveloppé de deux membranes ; la tunique extérieure est d'un tissu serré et cassant, l'intérieure est molle et très-extensible : ces enveloppes contiennent un liquide visqueux, la *fovilla*. Soumis à l'action de l'humidité le grain de pollen présente les phénomènes suivants. A l'aide d'un microscope on peut constater la rupture de la première membrane, et, si le grain surnage à la surface d'un verre d'eau, on voit la seconde tunique faire hernie à travers la rupture et le liquide séminal descendre à la partie inférieure du vase toujours contenu dans ce sac, qu'on a désigné sous le nom de *boyau pollinique*.

OU ET COMMENT S'OPÈRE LA FÉCONDATION. — Cette

simple expérience peut donner une juste idée du phénomène de la fécondation. Qu'arrive-t-il, en effet, au moment où la fécondation s'opère ? Le stigmate qui suinte une humeur gluante, arrête au passage le pollen, et le boyau pollinique ne tarde pas à s'engager dans l'intérieur du style. Ici commencent les controverses, l'accord n'est plus général, et l'obscurité enveloppe les phénomènes suivants. Toutefois, que le boyau pollinique pénètre jusqu'à l'ovule par un canal intérieur, ou qu'il traverse le tissu du style à la manière dont les racines cheminent dans le sol, il est constant que bientôt apparaît dans l'ovule le nouvel être ou embryon suspendu par un fil d'une extrême ténuité. Notons bien qu'avant la fécondation l'ovule n'était rien qu'un sac membraneux formé par la superposition de plusieurs tuniques, les unes destinées à sécréter un liquide nourricier en rapport avec les besoins de l'embryon, la délicatesse de son organisme, et qui le transforment en *graine*; les autres destinées à former l'*endosperme*, substance que l'embryon absorbe durant une certaine période de la germination.

OPINION DES BOTANISTES ALLEMANDS SUR LA FÉCONDATION. — De ces faits et d'autres considérations plus savantes, quelques botanistes allemands ont conclu que le phénomène appelé jusqu'ici fécondation, si l'on donnait ce nom à l'acte qui crée un nouvel être, était faussement dénommé, attendu que l'embryon arrivait tout formé dans l'ovule au sortir du grain de pollen — ; que la fécondation devait être antérieure à l'introduction du boyau pollinique dans le style — ; que les organes jusque-là regardés comme organes femelles ne servaient qu'à la nutrition de l'embryon, et qu'il fallait très-probablement les chercher dans le voisinage des anthères où s'opérait la vraie fécondation. S'il nous était permis de hasarder ici une remarque, nous demanderions à quoi bon chercher des organes chimériques, changer la signification des termes, détruire des idées reçues sans nécessité ? Pourquoi, même en admettant l'opinion des botanistes allemands, n'appellerait-on pas fécondation l'acte par lequel la liqueur séminale du mâle apporte un germe vivant dans l'ovaire ? Pourquoi n'appellerait-on pas organes femelles ceux dont la fonction est d'alimenter l'embryon, jusqu'à ce qu'il puisse, après avoir subi certaines influences d'air, d'humidité et de chaleur, acquérir une vie propre et une existence indépendante ?

CIRCONSTANCES QUI EMPÊCHENT OU FAVORISENT LA FÉCONDATION. — Maintenant pour dire avec tous les détails que comporte la matière, les soins infinis que la nature a pris pour assurer l'accomplissement de l'acte important qui perpétue l'espèce, il faudrait l'érudition d'un savant consommé, d'un observateur émérite. Mais ce n'est pas assez que la patience qui observe, il faut l'enthousiame qui comprend, qui devine, qui aime. N'y a-t-il pas tout un poème dans les amours de la Vallisnérie dont la fleur femelle monte à la surface des eaux en déroulant les ressorts de sa tige, tandis que la fleur mâle se détache naturellement d'un pédoncule très-court pour aller féconder le pistil qui s'épanouit au soleil ? Quel homme peut observer froidement ces étamines qui comme dans l'épine-vinette se courbent gracieusement vers le stigmate pour y verser la poussière fécondante ; ou ces ardeurs amoureuses, qui dans quelques urticées, déchirent les parois de l'anthère et lancent avec impétuosité le pollen sur le pistil? La position inférieure des anthères empêche-t-elle le pollen en tombant de rencontrer le stigmate? la tige s'incline vers le sol et la difficulté n'existe plus. A défaut de cette précaution, la fécondation ne demeure pas impossible ; l'aile d'un papillon qui passe, la patte d'une abeille qui butine, le souffle du vent, porteront sur le pistil la semence attendue. Et croyez-vous que ce sera l'effet d'un hasard merveilleux, si la fécondation abandonnée à ces chances s'opère? Imitez ce savant allemand, exposez à l'air une plaque de verre, et à la fin du printemps comptez les milliers de grains de pollen qui s'y seront attachés, et combien d'espèces ont des représentants dans cette innombrable multitude de germes. Loin d'être avare, la nature est d'une prodigalité sans bornes, et d'une telle profusion qu'elle dépense un million de germes pour l'existence d'un seul individu.

Époque de la fécondation. — Au printemps l'air est plein de ces semences vagabondes qui vont, emportées au moindre souffle ou soutenues sur leurs propres ailes, chercher des amantes éloignées, ou des lieux propices à leur développement ; des bouffées délicieuses, des senteurs enivrantes arrivent à vous dans la campagne : le savant et le poète vous répondent que ce sont les amours des fleurs.

—

§. II.

ZOOLOGIE.

—

1re SECTION.

Génération de l'Homme.

L'aspect d'une carrière si immense à parcourir jetterait bien quelque trouble dans mon esprit et je n'oserais m'engager d'un pied hardi dans le dédale inextricable de la génération universelle; — mais n'ayant d'autre prétention que de jeter un coup d'œil rapide sur cette partie si intéressante de la zoologie pour m'arrêter plus spécialement à l'étude de cette fonction chez l'homme, je ne ressens en ce moment qu'une admiration profonde pour l'harmonie, l'ordre et la régularité qui éclatent à tous les degrés de l'échelle animale dans l'accomplissement de cette œuvre importante.

ROLE DE LA SENSIBILITÉ DANS L'ACTE GÉNÉRATEUR. — Les particularités merveilleuses que nous venons de signaler dans la fécondation des plantes doivent nous faire pressentir ce qui se passe dans le règne animal où l'instinct et le sentiment opèrent avec précision, ce qui, chez les végétaux était abandonné à l'influence du hasard ou d'une cause mécanique. La sensbilité, qui joue un rôle considérable dans l'acte générateur, se montre chez tous les animaux dans un rapport si exact avec la perfection de leur nature, que si on avait un moyen de la mesurer on pourrait *a priori* assigner à chacun leur rang dans la création. Nulle chez les végétaux où elle est remplacée par une propriété que j'appellerai *sensitive*, et qui, comme la sensibilité, a ses nuances en rapport avec la perfection de l'organisme, nous la voyons poindre dans les dernières séries animales, grandir à mesure qu'on s'élève, et atteindre son apogée dans l'homme.

LOI D'AMOUR. — Ceci ne tend pas à démontrer que l'homme est la créature la plus parfaite et qu'à ce titre il possède la sensibilité la plus exquise et la plus étendue : je veux constater que la nature a placé dans l'accomplissement de l'œuvre génératrice la somme la plus complète des jouissances dont était capable chaque être. Or, cette somme varie et tend à s'accroître graduellement du dernier des insectes jusqu'à l'homme. Il résulte donc de cette grande loi de volupté universelle à laquelle tous les animaux obéissent, que l'ardeur de la procréation est beaucoup plus intense, l'instinct génésique incomparablement plus développé chez les êtres supérieurs. Dieu aurait-il donc mis à la conservation des espèces un prix mesuré à la perfection de leur organisme ?

LOI DES GERMES. — Non. Cette conclusion serait une erreur. Tous les ouvrages de Dieu ont des titres égaux à sa providence : en vertu d'une compensation admirable et nécessaire, d'une loi qui est le complément indispensable de la précédente, il arrive que ce que les animaux inférieurs, comme les poissons, les zoophytes, etc., perdent en sensations voluptueuses, en désirs génésiques, est racheté par le nombre infini des germes qu'ils contiennent.

SENSIBILITÉ AMOUREUSE EN RAPPORT AVEC LA PERFECTION DES ÊTRES. — D'ailleurs cette sensibilité amoureuse, signe de la perfection morale, indice de la perfection physique, dépend du rapprochement plus ou moins intime des sexes. Ainsi, dans l'espèce humaine et les mammifères, l'organe de la copulation est destiné à pénétrer dans les profondeurs de l'appareil génital de la femelle. Chez les oiseaux, qui dans l'ordre zoologique viennent immédiatement après les mammifères, la copulation existe encore, mais le rapprochement est moins complet. Chez les serpents qui établissent le passage entre cette classe de vertébrés et les poissons, il n'y a plus de copulation mais le rapprochement existe encore : enlacé à sa femelle de manière que les ouvertures anales se correspondent, le mâle éjacule la semence qui va féconder les œufs dans la cavité abdominale. Chez quelques poissons (les squales et les raies) on observe ce rapprochement; mais dans l'immense majorité des cas, le mâle se borne à répandre la laite sur les œufs déposés par la mère sur le gravier. Toutefois il y a encore dans cet acte, ainsi que nous le verrons plus loin, un plaisir qui se traduit chez l'animal par la vivacité des mouvements et l'accélération de la marche. Plus bas dans l'échelle des êtres on ne trouve plus de sexes : cette disposition se nomme *monogénie*. Dans cette classe sont les *Gemmipares* qui se reproduisent par bourgeons et les *Fissipares* qui se multiplient en se fractionnant, de sorte que chaque fraction d'un être précédemment unique devient un être indépendant.

GÉNÉRATION SPONTANÉE. — Ici, nous sommes arrêtés par une question importante, mais que les limites de ce travail ne nous permettent pas de discuter : on peut la formuler ainsi : Y a-t-il une génération spontanée ? Ou en d'autres termes : Faut-il croire avec les anciens que la vie peut sortir de la corruption et de la mort ? Ces milliers d'insectes qui fourmillent dans les ordures ne proviennent-ils pas de leur décomposition ? Cette question, résolue affirmativement dans l'antiquité, trouva au moyen-âge et surtout au commencement des temps modernes de nombreux contradicteurs. Depuis longtemps oubliée, elle a eu le sort de toutes les choses humaines qui semblent rouler dans un cercle sans fin ; on y est revenu dernièrement et des expériences très-savantes de M. Dumas ont semblé confirmer la solution des anciens. Quelque concluantes qu'on suppose ces expériences, nous serons toujours autorisés à demander à M. Dumas s'il est certain que ces êtres, à la formation desquels il a assisté, dont il a épié les premiers mouvements, ne proviennent point de parents inaperçus par lui, de germes invisibles à son microscope, et par conséquent nous aurons le droit de douter de cette génération spontanée.

Il était nécessaire d'établir ces généralités avant d'entrer dans le vif du sujet que nous allons maintenant entamer. Nous étudierons successivement la génération chez les Vivipares, les Ovipares, les Gemmipares et les Fissipares. Cette étude sera double, anatomique et physiologique. L'anatomie nous indiquera la structure, la physiologie, le mode d'action des organes générateurs. L'ordre que j'ai suivi a sa raison d'être : en commençant par les organes les plus compliqués, la route sera plus facile et moins encombrée dans la suite, puisqu'il n'y aura plus que des simplifications à signaler.

APPAREIL GÉNITAL DE L'HOMME. — L'appareil générateur mâle de l'homme a pour fonction de sécréter la liqueur fécondante ou *sperme*. Le sperme a l'aspect d'une humeur très-visqueuse, blanche, demi opaque, et exhale une odeur fade *sui generis*. Le fluide spermatique, produit de la sécrétion de plusieurs glandes (prostate, glandes de Cowper) et surtout des testicules, contient des animalcules en nombre considérable, qui se meuvent avec une vitesse inouïe, et auxquels on a donné les noms de *spermatozaires*, de *zoospermes*, de *vers séminaux*, de *filaments spermatiques*, etc. Ces animalcules dont la taille et la forme varient suivant les espèces et la disposition physique de l'individu d'où provient le sperme, se présentent chez l'homme sous la forme de vers qui ont une de leurs extrémités terminée par un renflement ovoïde. Les spermatozaires nagent dans un liquide séreux sécrété par la prostate et mélangé de débris muqueux : on les voit s'aider des courants qui agitent le liquide, et le scintillement produit par les ondulations rapides de leurs queues est d'un très-remarquable effet.

Les testicules, qui sont le siége de la sécrétion du

sperme, ont la forme de deux corps ronds aplatis et de la grosseur d'un œuf de pigeon. Une double bourse formée par un repli de la peau (scrotum) les enveloppe. Sous une enveloppe fibreuse le testicule présente à l'anatomiste une multitude de canaux capillaires qui s'enroulent, s'enlacent, forment un conduit sans interruption, et dont la longueur serait énorme si les circonvolutions en étaient effacées. Deux vaisseaux dont la réunion forme le cordon spermatique mettent le testicule en rapport avec les grands troncs veineux et artériels de la circulation : l'un apporte le sang qui pénètre lentement dans le canal imperceptible des conduits séminifères, s'engage dans leur dédale, et les parcourt dans toute leur longueur : durant ce trajet il subit une élaboration d'où résulte le sperme. L'autre vaisseau reçoit la partie impure ou superflue du fluide nourricier et la reporte au torrent de la circulation. Le précieux liquide élaboré se rend dans les *canaux déférents* en passant par *l'épididyme :* ce petit corps vermiforme, formé par la réunion des conduits séminifères, rampe sur le bord du testicule et a quelque analogie avec une crête de coq. Le canal déférent, uni au cordon spermatique, remonte entre la peau et le pubis jusqu'à l'anneau inguinal par où il pénètre dans la cavité de l'abdomen ; là il quitte le cordon et descend le long de la vessie. En arrière de cet organe et à sa partie inférieure, il rencontre sur son passage des petites poches où le sperme séjourne, ce sont les *vésicules séminales.* Ces vésicules ont un conduit éjaculateur commun qui se rend dans l'urètre. L'organe copulateur se compose de la *verge* et du *gland*. La verge ou *pénis* est formée par deux longues bandes hémisphériques, adossées l'une à l'autre, d'un tissu spongieux et érectile, appelées *corps caverneux*. Sous l'influence d'une cause physique ou morale, la verge habituellement flasque peut devenir rigide et présenter une forte résistance par l'afflux du sang dans les corps caverneux. Le volume de la verge s'accroît alors rapidement et une chaleur intense se développe dans cet organe. Le gland est formé par l'épanouissement de l'urètre et ressemble à un cône aplati de haut en bas. Cet organe, d'une exquise sensibilité, est protégé par un prolongement de la peau de la verge ou *prépuce*.

APPAREIL GÉNITAL DE LA FEMME. — Dans l'appareil génital de la femme une partie des organes (et ce sont les plus extérieurs) sert à la copulation; l'autre dont la situation est plus intérieure sert plus spécialement à l'acte générateur et est le siége de la fécondation. Les organes copulateurs sont la *vulve* et le *vagin*. Une fente longitudinale formée par deux *lèvres* dont la surface interne est tapissée d'une membrane rose et polie; entre ces deux lèvres et à leur partie supérieure, un appendice analogue à la verge de l'homme, terminé par une sorte de gland imperforé, plus petit que l'organe mâle, mais doué d'une extrême sensibilité nerveuse qui lui a fait donner le nom de *clitoris* (κλιτοριζειν); deux replis de la membrane muqueuse analogues à des crêtes de gallinacés (*nymphes* ou *petites lèvres*); enfin le méat urinaire, tels sont les principaux détails anatomiques de la vulve.

Le vagin (*vagina, fourreau*) dont la cavité est destinée à servir de gaîne à la verge dans la copulation, s'ouvre à la partie inférieure de la vulve ; une membrane muqueuse le tapisse. On remarque sur ses côtés des stries profondes dans le voisinage de son orifice, mais qui s'effacent à mesure qu'on s'en éloigne. Comme celui des corps caverneux et du clitoris le tissu du vagin est érectile. Chez quelques individus on trouve une membrane qui ferme plus ou moins complètement l'orifice du vagin, c'est la membrane *hymen* dont la rupture donne naissance aux petits corps calleux connus sous le nom de *caroncules myrtiformes*. L'existence de cette membrane est devenue pour quelques médecins le signe constant de la virginité — mais, outre que cette membrane n'existe pas toujours, la masturbation, des exercices violents, un accident peuvent la détruire sans que la perte de la virginité en soit une conséquence; par contre, sa présence ne garantit pas toujours que la femme n'ait pas été précédemment déflorée : car il est certain qu'elle peut se recomposer après avoir été rompue, et qu'un coït imparfait peut quelquefois opérer la fécondation sans la déchirer, puisqu'on a constaté des grossesses qui coïncidaient avec l'occlusion du vagin.

L'*utérus* ou *matrice*, qui chez la femme fait suite au vagin, ressemble assez à une poire dont l'extrémité la plus mince serait en bas enveloppée par le col du vagin : cette extrémité s'appelle *museau de tanche;* l'orifice qu'on remarque en son milieu varie de largeur suivant l'âge et les individus et donne accès dans la cavité utérine. Cette cavité, qui, à l'état ordinaire, peut à peine contenir une féve de marais, se continue par deux conduits latéraux situés à sa partie supérieure et qu'on nomme *trompes de Fallope*; un pavillon frangé sur ses bords (*corpus fimbriatum*) les termine. Le pavillon de ce conduit est adhérent par un point à un organe à peu près sphérique, l'*ovaire*. Les ovaires qui se rattachent à la matrice par deux larges *ligaments* renferment dans l'intérieur de leur masse charnue des vésicules jaunâtres ou *ovules* qui jouent un rôle important dans la conception. Les ovules contiennent une liqueur visqueuse transparente, d'une couleur rouge ou jaune peu foncée.

Quelque abrégés que soient ces détails, ils suffiront je pense, pour faire comprendre les explications physiologiques qui vont suivre et je tenais à ne rien dire que d'essentiellement nécessaire.

PHYSIOLOGIE DE LA GÉNÉRATION : COÏT. — Lorsqu'une cause morale ou physique sollicite l'homme à l'acte générateur, il se produit dans son organisme une surrexcitation localisée surtout dans l'appareil génital; le fluide spermatique par ses titillations irrite les parois des vésicules séminales, le sang se porte avec abondance dans ces parages; l'irritation gagne la verge, la congestion sanguine augmente son volume et distend ses enveloppes; toutefois la turgescence est limitée par la capsule fibreuse, membrane forte et résistante qui entoure l'organe copulateur. Dans cet état la physionomie s'illumine, le sang circule avec plus de rapidité, les artères battent avec violence, le cœur palpite. Le système nerveux, pressentant un ébranlement prochain, fait naître une émotion qui peut aller jusqu'à l'éblouissement. Cette émotion s'accroît encore, lorsque la verge ayant traversé la vulve, s'engage dans le vagin : le contact forcé du gland contre les stries de ce conduit agace les nerfs et porte l'excitation à son comble ; c'est alors que les vésicules séminales s'ouvrent et que les conduits éjaculateurs se contractent pour projeter le sperme par saccades dans l'urètre. La sensation voluptueuse qui accompagne cette éjaculation cause un spasme local qui se répercute dans tous les recoins de l'organisme et si intense qu'il affaiblit toujours momentanément et brise quelquefois les ressorts de la vie. En effet les instants qui suivent le coït sont marqués par une prostration complète, et les exemples ne sont pas très-rares d'hommes qui ont expiré entre les bras de leurs maîtresses au milieu des transports de l'amour. Il semble que dans cet acte l'homme ayant communiqué une partie de sa puissance vitale ne peut réparer les pertes qu'il a faites que graduellement et à mesure qu'il se remet de la commotion. L'extase amoureuse de la femme, ses transports, ses spasmes ne sont pas moins énergiques ; ses yeux s'égarent, sa respiration devient entrecoupée, le souffle expire sur ses lèvres brûlantes, et la sympathie dont le rayonnement, semblable à celui du calorique, agit réciproquement sur les deux amants, en augmente encore les jouissances et l'ivresse.

PROBLÈME DE LA GÉNÉRATION.— Tels sont les phénomènes extérieurs qui accompagnent l'acte de la génération. Mais si nous voulons pénétrer plus avant, écarter le voile qui recouvre le mystère de la fécondation, nous sommes arrêtés brusquement dans nos investigations ; le travail de la nature nous échappe et nous sommes réduits aux probabilités.

Le sperme sortant de l'urètre arrive au museau de tanche et pénètre dans la matrice ; que devient alors ce liquide? Sur quel point des organes femelles s'arrête-t-il de préférence ou bien agit-il sur tous indifféremment? Quel est son mode d'action : est-ce par contact ou par émanation , en totalité ou en partie qu'il exerce son influence prolifique? Toutes ces questions constituent le problème de la génération humaine , et depuis trente siècles les efforts de l'esprit de l'homme expirent devant ces données mystérieuses. Dieu aurait-il posé là les limites de l'intelligence et dit à la science comme aux flots de la mer : Tu n'iras pas plus loin ?

Si une semblable étude n'excédait pas les limites de cette note, il eût été intéressant de raconter avec détails la marche de la science , les progrès lents qu'elle a faits dans ce sujet, et quels efforts ont coûté les plus petites parties du secret qu'on disputait à la nature. — Je me bornerai à indiquer les principaux systèmes qui se sont succédé sur la génération, et à constater les résultats des études les plus récentes et des recherches les mieux dirigées.

NATURE DES HYPOTHÈSES SUR LA GÉNÉRATION. — On peut rapporter à deux systèmes les hypothèses qui se sont succédé sur la génération. Les unes conçues *a priori* ou par induction sont les plus séduisantes et les moins vraies ; les autres basées sur l'analyse et l'observation ont des fondements plus solides et moins de chances d'erreur. Ce n'est pas que je veuille insinuer que les premières n'ont aucune valeur, sont purement des billevesées ou des rêveries ; — je les accepte à la vérité comme un pis-aller, mais je leur reconnais un mérite réel. Car s'il est impossible à l'anatomiste, malgré sa patience et son habileté, de surprendre les secrets de la vie, si le mot de l'énigme échappe en dépit de nos efforts à la brutalité du scalpel, si l'observation est impuissante au-delà de certaines limites, il me semble rationnel de chercher des analogies dans des phénomènes identiques et mieux connus. La méthode d'induction doit dans tous les cas aider et compléter la méthode expérimentale, dans quelques circonstances même elle est appelée à la suppléer.

Les connaissances anatomiques des anciens étaient trop incomplètes pour que leurs hypothèses approchassent beaucoup de la vérité. De ces hypothèses imaginées *a priori* les plus célèbres sont celles d'Aristote et d'Hippocrate. L'une attribue à la femme un rôle actif, l'autre un rôle passif dans l'œuvre génératrice, antagonisme que nous verrons se reproduire très-fréquemment dans la suite.

HYPOTHÈSE D'HIPPOCRATE. — D'après Hippocrate la semence éjaculée par le mâle rencontre une liqueur prolifique analogue dans les organes femelles ; de la combinaison de ces deux substances résulte le nouvel être ou embryon, dont le sexe est déterminé par la quantité ou la qualité relative des semences.

HYPOTHÈSE D'ARISTOTE —D'après Aristote le liquide

fécondant à son arrivée dans la matrice rencontre le sang menstruel dont il vivifie un point par une sorte d'étincelle dynamique. Cette impulsion s'opère sous l'influence du principe éthéré du sperme (*aura seminalis*); cette émanation subtile est donc en quelque sorte le sculpteur, les menstrues sont le marbre, le fœtus est la statue. Qu'est-ce donc que ce phénomène de la menstruation invoqué par Aristote et qui paraît lié si intimement à celui de la fécondation ?

THÉORIE DE LA MENSTRUATION. — On appelle *menstrues* un flux de sang périodique, se produisant généralement à intervalles égaux et mensuels. Ce phénomène, particulier à l'espèce humaine, a-t-il sa raison d'être et son origine dans une disposition physique ou morale? En d'autres termes, est-il le résultat de la civilisation et du raffinement des mœurs ou d'une influence inhérente à notre nature ? Est-il le produit d'un engorgement des vaisseaux, d'une pléthore occasionnée par les désirs amoureux, ou bien est-il déterminé par l'influence sidérale ? Toutes ces opinions ont été tour à tour émises, adoptées, rejetées, sans que leur discussion éclairât le sujet. Un travail récent très-remarquable du docteur Pouchet est venu couper court aux conjectures et établir d'une manière évidente ce que personne n'avait encore soupçonné, que *la menstruation est simplement une ponte* (1). Il montre en effet que l'enflammation mensuelle de l'utérus commence par les ovaires ; — que cette inflammation est

(1) Voyez la *Théorie positive de l'ovulation spontanée* du docteur Pouchet.

déterminée dans les ovaires par le détachement d'un ovule parvenu à maturité, et autour duquel le sang avait afflué en quantité considérable. L'ovule saisi par le corps frangé, descend par les trompes de Fallope dans la matrice d'où il est expulsé au dehors par la vulve s'il n'a pas été fécondé sur son trajet. Partant de ces données, M. Pouchet a démontré que l'époque la plus favorable à la conception était celle des règles, et il a pu même, en calculant le temps employé pour l'expulsion et le trajet de l'ovule dans les organes générateurs, préciser l'intervalle durant lequel le coït devait être infécond. Toutefois ces conclusions, heureusement pour la morale, n'ont rien d'absolu et on ne manque pas de faits qui établissent de nombreuses exceptions à la règle. Les phénomènes du rut chez les animaux ont beaucoup d'analogie avec ceux de la menstruation, et il faut remarquer que cette périodicité qui les ramène fréquemment chez la femme est la conséquence d'une loi que nous étudierons plus loin et d'après laquelle le nombre des générations successives et celui des germes d'une seule génération sont toujours dans un rapport inverse chez le même individu. C'est pourquoi si les époques où la femme peut être fécondée sont plus fréquentes, sa progéniture est moins nombreuse que celle de la plupart des mammifères. L'inflammation qui se communique des ovaires à la matrice est si intense, l'afflux du sang si considérable, que ce liquide suinte à travers le tissu des vaisseaux dans l'uterus et se répand au dehors goutte à goutte par la vulve. La quantité de sang ainsi évacuée varie selon l'âge et les individus de 200 à 500 grammes ; au-dessus ou au-dessous de ces limites, l'écoulement constitue une maladie ou indique une affection morbide. Aristote avait donc compris ou plutôt deviné une partie seulement de la vérité. Il avait remarqué que la menstruation est le signe de la fécondité, la condition nécessaire de la conception, et avait conséquemment attribué au sang menstruel des propriétés prolifiques qu'il n'a pas. Ignorant l'existence ou le rôle des ovaires il n'a pu donner au phénomène qu'une explication basée sur des apparences, mais qui dénote toutefois un observateur plus sagace de la nature qu'Hippocrate.

ÉTAT DE LA SCIENCE AU MOYEN-AGE. — Sans m'arrêter à exposer les opinions qui succédèrent, au moyen-âge, aux deux systèmes de l'antiquité, ce qui serait trop long et ne jetterait aucun jour sur la question, je noterai seulement qu'en ceci, comme dans tout le reste, les idées des anciens dominèrent les esprits durant cette longue période, et inspirèrent tout ce qui a pu être écrit sur ce sujet ; en sorte que nous n'y trouverions que des variations plus ou moins rapprochées des principes exposés.

SYSTÈME DES OVARISTES. — Néanmoins vers la fin de cette époque, le mouvement général qui portait à l'observation dans les sciences physiques et naturelles, fit faire un pas dans la solution du problème qui nous occupe. La méthode expérimentale proclamée par le chancelier Bacon porta ses fruits : l'anatomie devint une science. Les travaux d'André Vésale et de Fallope, en détruisant les erreurs les plus accréditées, ouvrirent tout à coup une large route aux recherches, un vaste champ aux conjectures. Le rôle des ovaires, ignoré jusque-là, prit soudain des proportions énormes, exclusives même dans l'œuvre génératrice. Le germe de l'être futur, disait-on, préexiste dans l'ovule de la femelle; le rôle du mâle consiste simplement à réveiller le germe endormi. Le fluide séminal est un agent d'impulsion vitale, une sorte d'étincelle dynamique. L'ovule de la première femelle contenait emboîtés les uns dans les autres les germes nombreux destinés à perpétuer sa race; cette théorie séduisante de l'emboîtement des germes demeura longtemps comme une vérité acquise à la science, et nous la retrouvons exposée au XVIIe siècle, dans les ouvrages philosophiques de Fénelon. Rien d'étonnant au reste qu'on attribuât à l'ovule une puissance qu'il n'a pas en lui-même, puisqu'on ignorait la nature et la composition du sperme.

SYSTÈME DE L'ÉPIGÉNÈSE. HARVEY. — Toutefois Harvey arriva plus près de la vérité dans son système de l'*Épigénèse*. Médecin de Charles Ier d'Angleterre, ayant à sa disposition les immenses parcs du roi, il étudia les phénomènes du rut et de la copulation chez les cerfs et les biches (1), et formula ainsi le résultat de ses recherches : L'être nouveau se forme de toutes pièces par l'opération commune des deux parents qui fournissent les deux trames élémentaires préparées l'une pour l'autre et destinées à se compléter réciproquement. La création n'est que partielle et rudimen-

(1) *De coïtu damarum et cervorum.*

taire; l'individu créé n'est primitivement qu'une sorte de germe, modèle incomplet autour duquel vient s'ajouter en le développant le complément de l'organisme. Ce germe originel contient virtuellement dans les mystérieuses profondeurs de son essence la trame complète de l'être normal. — Ainsi, part égale était faite aux deux individus qui concourent à l'œuvre génératrice, le système des Ovaristes subsistait toujours, moins ce qu'il avait d'exclusif, il ne manquait guère à cette belle théorie que de préciser le mode d'action du sperme, mais il fallait pour cela mieux connaître la nature et les propriétés du liquide fécondant.

SYSTÈME DES ANIMACULISTES. HARTSOEKER. — La découverte d'Hartsoeker en complétant les données du problème donna naissance à un nouveau système qui enleva à l'ovule le rôle prédominant dont on l'avait gratifié pour le transporter à l'animalcule que ce savant venait d'apercevoir dans le liquide spermatique. Il en fut de celui-ci comme du système des Ovaristes, on le dénatura en l'exagérant. L'imagination se chargea de compléter ce que l'observation n'avait qu'entrevu ou deviné : les spermatozoaires devinrent de véritables animaux, de petits hommes en miniature, ayant leurs mœurs et leurs coutumes et se reproduisant par accouplement, etc. Lorsque le temps eut calmé l'effervescence qu'avait produite dans les esprits cette découverte merveilleuse, qu'on put envisager plus froidement et avec moins de préventions la question, on se remit à l'œuvre avec plus de chances de succès. On revint au système des Ovaristes, on adopta de nouveau l'*aura* *séminalis* d'Aristote (1), le système d'Hippocrate eut sa part dans ce conciliabule générale ; le problème se compliqua de toutes ces opinions contradictoires : on ne s'entendit plus. Chacun crut avoir dérobé son secret à la nature ; l'un mettait à contribution les lois et les merveilles de la mécanique pour démontrer son système ; l'autre, faisant de la philosophie dans un sujet qui en comportait si peu, attribuait à Kudworth ses *formes plastiques* et attribuait à l'utérus une faculté génératrice (2).

ÉTAT DE LA SCIENCE AU XIXe SIÈCLE. — Au milieu de ce chaos d'opinions s'ouvrit le XIXe siècle qui devait être si fécond en résultats scientifiques de toute espèce. Après soixante années de recherches laborieuses, de patientes investigations, nous n'avons pu arriver à dévoiler le secret qui restera toujours peut-être le secret de Dieu ; mais au moins nous avons posé nettement les données du problème, tracé avec exactitude la route à suivre, constaté bon nombre de phénomènes ignorés, ou rectifié les erreurs qu'on avait commises dans l'observation. Ainsi on a reconnu dans l'œuvre génératrice : 1° l'essence de l'ovule, 2° l'essence du zoosperme, 3° la nécessité du contact de l'ovule et du zoosperme ; ce qui signifie que le phénomène de la fécondation exige la présence de l'ovule et du zoosperme et leur contact. En effet, il est démontré que l'absence ou une maladie des ovaires entraîne la stérilité et la rend incu-

(1) Il y a des écoles en Allemagne où cette grossière erreur est encore enseignée.

(2) Roussel.

rable ; que le sperme privé d'animalcules ne jouit pas de ses propriétés fécondantes ; que les individus chez lesquels une affection morbide a rendu ces animalcules chétifs et peu nombreux sont ineptes à la reproduction. Du sperme de grenouille a été mis dans un filtre : la liqueur qui a traversé le filtre dépourvue de zoospermes n'a pu féconder les œufs sur lesquels on l'a répandue, tandis que la partie non filtrée a déterminé l'éclosion. Des œufs de grenouille exposés à l'action des vapeurs spermatiques n'ont pas été fécondés ; faits qui démontrent d'une manière irréfragable que le contact matériel du zoosperme et de l'ovule est nécessaire à la fécondation et anéantissent l'effet attribué par Aristote à l'*aura seminalis*. On se demande encore sur quel point précis des organes générateurs a lieu cette rencontre : est-ce dans l'ovaire même, dans les trompes de Fallope ou dans l'utérus que le zoosperme s'unit à l'ovule? La question, il faut l'avouer, est très-secondaire et comme elle n'a d'importance que pour certains cas de médecine ou de chirurgie, ce n'est pas ici le lieu de la discuter; je ferai seulement remarquer que l'ensemble des faits observés paraît indiquer tour à tour l'ovaire, les trompes de Fallope et l'utérus comme étant le siége de la fécondation.

SYSTÈME ÉCLECTIQUE. — Voilà sans doute des résultats importants, et notre époque peut se vanter d'avoir déchiffré la page la plus difficile peut-être du livre de la nature ; mais qu'avons-nous fait pour éclairer le mystère de la génération ? Rien. Tout est encore à découvrir. Nous avons, il est vrai pénétré jusqu'au seuil du sanctuaire, mais un voile impénétrable s'interpose entre nous et les objets qu'il cache. Et pourtant, soit vanité, soit ignorance, chacun prétend avoir soulevé le voile et vous parle de ces secrets avec une assurance qui simule la conviction. Dès qu'il s'agit de définir le mode d'action du zoosperme sur l'ovule, personne n'est embarrassé; le système éclectique, qui de la philosophie a passé dans la science, prétend trouver le mot de l'énigme dans une conciliation impossible des systèmes: on vous jette des phrases sonores, où il s'agit d'influences, de combinaisons, de principes vivifiants, etc.; tout cela sonne creux; nous voulons une discussion sévère des faits et rien de plus. On craint de renouveler l'erreur des Animalculistes, on commence par admettre le système des Ovaristes; mais comme il faut expliquer l'influence du sperme, le rôle des spermatozoaires, on finit par trouver un moyen terme d'où il résulte par exemple que l'*ovule et le zoosperme sont deux germes vivants qui en se combinant forment l'embryon.*

DISCUSSION DE CE SYSTÈME. — Et qu'entend-on par la combinaison de deux germes vivants? Pour moi la vie est un principe simple, indivisible, et je ne comprendrai jamais que deux principes de cette nature mis en présence s'unissent, se combinent, se fondent en une seule individualité. Les êtres vivants se transforment, mais ne se combinent pas.

Il est remarquable que la plupart de ces êtres avant d'arriver à un système organique définitif, à un état parfait, passent par un certain nombre d'états intermédiaires qui semblent autant de degrés propres à les rapprocher de la perfection du type générateur. Les anciens avaient formulé la grande loi dont nous signalons ici une règle par ces mots : *Natura non facit saltum.* Ce qui est vrai pour l'organisme l'est encore pour le principe vital : la vie dans l'œuvre génératrice n'est pas communiquée soudain à un corps inerte, comme on imprime le mouvement à un corps en repos, mais elle s'étend, se propage sans interruption du générateur à sa descendance. Voilà deux importantes vérités dont on n'avait tenu jusqu'ici aucun compte : la dernière met à néant ces explications vagues par lesquelles on prétendait vous faire entendre que l'influence du sperme fécondait l'ovule en le vivifiant ; l'autre me paraît plus précieuse encore pour le problème dont nous cherchons la solution : car je crois retrouver dans les phases du dévoloppement de l'être humain des analogies frappantes avec ces métamorphoses. L'existence du spermatozoaire n'est-elle pas le premier degré de la vie de l'être humain futur ? Cet être si faible, si chétif ne va-t-il pas chercher une alimentation appropriée à son organisme dans l'ovule ? Là il subit une première transformation : devenu plus fort il doit absorber des substances plus abondantes, il se fixe à l'utérus par le placenta et reçoit le sang de sa mère. Lorsque son organisme est complet il vient au jour et la lactation en l'abreuvant de sang transformé le prépare à une digestion plus laborieuse. De même l'insecte qui n'était primitivement qu'un annélide passe par les états de larve et de nymphe avant d'arriver à celui qu'il doit garder définitivement. — De même la grenouille, reptile qui respire à l'aide de poumons, a été d'abord un poisson respirant à l'aide de branchies. Nous suivrons du reste ces transformations jusque dans les végétaux où elles ont un caractère frappant d'analogie avec celles que nous avons signalées dans l'homme (1).

On me dira sans doute que cette hypothèse est bien gratuite, on me demandera sur quels faits je l'appuie, on me reprochera de m'être laissé séduire par une analogie, — je répondrai que j'offre simplement cette explication comme un pis-aller; que d'ailleurs elle a sur beaucoup d'autres l'avantage de la simplicité et de la clarté, et qu'enfin on peut alléguer en sa faveur une loi physiologique qui ne souffre pas d'exceptions, loi constituée par l'accord parfait qui existe entre les fonctions de chaque être et sa nature. Le rôle que nous attribuons au zoosperme, l'élément actif de la fécondation, ne convient-il pas au mâle plus fort et plus ardent que la femelle dans toute la série zoologique? Le rôle de l'ovule n'est-il pas en rapport avec celui de la femme? Caché dans les profondeurs de l'organisme, il reçoit le zoosperme, le nourrit, le fortifie, le transforme; n'est-ce pas là le prélude, et pour ainsi dire, le symbole des soins domestiques de la femme et des fonctions de la maternité?

(1) Voir la note de la page 57.

2e SECTION.

Génération des Ovipares.

GÉNÉRATION DES OISEAUX. — Lorsque la gestation n'existe point, que l'embryon n'est pas en rapport de nutrition avec sa mère, et que l'œuf contient assez de matière pour fournir au germe le développement nécessaire, cet œuf une fois fécondé est expulsé au dehors ou bien reste dans le canal oviducte, mais sans aucun rapport avec l'individu qui l'a produit. Cette simplification constitue la génération ovipare. Les oiseaux, les serpents, les poissons et les insectes sont ovipares.

L'appareil générateur mâle chez les oiseaux se compose, ainsi que chez les mammifères, 1° d'un appareil sécréteur; 2° d'un organe copulateur; c'est dans les organes de la femelle que se trouvent les principales différences —, l'utérus qui manque est remplacé par l'oviducte, conduit dans lequel les œufs descendent pour attendre le liquide fécondant; il n'y a plus d'organes comme la vulve et le vagin spécialement affectés à la copulation, la verge pour arriver à l'oviducte traverse le cloaque, réservoir commun où aboutissent le tube intestinal, l'urètre et l'oviducte. La force de l'instinct qui pousse ces petits êtres à l'acte générateur paraît dans l'activité qu'ils déploient pour préparer le nid où les œufs seront pondus et où les petits seront élevés. Aussitôt que le printemps a revêtu les bois de feuillage, les couples se forment, ces aimables animaux font tout retentir de leurs chants et semblent exprimer par là leurs joies et leurs tendresses. Les deux amants entassent dans un coin mystérieux ce que la laine peut offrir de plus doux, ce que le duvet des plantes peut donner de plus moelleux pour en faire un lit à leur progéniture; les œufs sont déposés par la mère dans ce nid, véritable chef-d'œuvre de symétrie et d'art, et l'incubation commence quand la ponte est achevée. Pendant cette incubation dont la durée flotte entre huit et trente jours, la sollicitude du mâle pour sa femelle redouble. De peur que la faim ne l'oblige à quitter un instant ses œufs, il va pour elle à la chasse, lui rapporte son repas, et quand elle est repue, perché sur une branche voisine il épie les alen tours en sentinelle vigilante, ou charme ses ennuis par des modulations d'une suavité touchante. L'incubation remplace la gestation et consiste dans une élévation de température que la mère communique aux œufs en les couvrant de son corps et de ses ailes; cette chaleur détermine sans nul doute dans la matière de l'œuf une transformation chimique, en modifie la substance et la rend propre à être absorbée par l'embryon. A partir de ce moment celui-ci se développe avec rapidité et acquiert bientôt assez de force pour rompre l'enveloppe pierreuse de l'œuf et venir au jour. A peine leurs petits sont-ils éclos qu'on voit s'accroître encore l'activité des parents; guidés par un instinct infaillible, ils vont en diligence choisir la nourriture qui convient à leurs faibles organes, et veillent sur eux avec la plus tendre sollicitude. Plus tard, quand la couvée peut sortir du nid, ils lui enseignent à voler dans l'air, la protègent contre les attaques de leurs ennemis, et la suivent longtemps encore de leur amour et de leur dévouement quand elle s'est dispersée. Cette grande loi d'amour dont nous constatons ici les effets, qui en s'étendant des parents à la progéniture unit la famille et la constitue, cette loi tend à s'effacer et devient moins sensible à mesure qu'on descend dans la série des êtres; bientôt la famille va disparaître, le rapprochement des sexes n'existera plus, et la dégradation morale des individus sera marquée par la simplification physique de l'appareil générateur.

GÉNÉRATION DES SERPENTS. — Chez les reptiles, l'appareil mâle se compose d'un organe sécréteur, l'appareil femelle d'un ovaire et d'un oviducte : — l'organe copulateur manque. Toutefois le rapprochement des sexes a lieu encore, mais d'une façon très-superficielle, comme nous le savons. Les œufs fécondés chez les Sauriens et les Ophidiens restent dans l'oviducte et les petits ne sortent du cloaque qu'après leur éclosion. Quoique les apparences puissent faire croire le contraire, il n'y a pas ici à proprement parler gestation, puisque les œufs n'ont aucun rapport avec la mère, mais un simple retard dans la ponte. Les Sauriens et les Ophidiens chez lesquels on rencontre cette particularité sont appelés pour cela *vipères*. C'est là que nous trouvons pour la dernière fois les traces de l'amour que vouent les animaux à leur progéniture : chacun sait en effet avec quel acharnement la vipère attaquée défend son nid et sa couvée.

Génération des poissons. — L'appareil générateur mâle est composé chez les poissons d'une glande destinée à la sécrétion du fluide fécondant ou *laite*. Cette glande paraît formée de petites cellules dont les orifices communiquent avec des vaisseaux dont les ramifications aboutissent à un canal commun; ce canal est destiné à recueillir la substance laiteuse et à l'excréter. L'appareil est logé dans la cavité abdominale dont il occupe presque toute la longueur et divisé en deux lobes. Au printemps, lorsque la laite est sécrétée par les mâles, les ovaires des femelles commencent à se remplir d'œufs encore imperceptibles: leur nombre peut aller quelquefois jusqu'à neuf millions. L'accumulation de la laite comme des œufs gênant les organes voisins produit une excitation nerveuse et convulsive d'où résultent l'éjaculation et la ponte. Cette excitation naturelle est encore augmentée par l'instinct qui pousse les femelles et les mâles à frotter leur ventre contre le sable ou le gravier. Le rapprochement des sexes n'existe plus (les squales et les raies font exception à cette règle et pondent des œufs d'une forme singulière et d'un volume relatif considérable); l'oviducte manque, et enfin la fécondation ne s'opère plus sur la mère qui produit les œufs, mais au-dehors et après la ponte. Puisqu'il n'y a pas d'accouplement, il n'y a plus de famille et l'œuf une fois pondu et fécondé est abandonné aux rayons du soleil dont la douce chaleur le fait éclore. A l'époque du frai les poissons qui habitent la haute mer s'approchent du rivage ou remontent les grands fleuves; tous cherchent des abris plus sûrs, une température plus analogue à leur organisation, une nourriture plus abondante ou plus convenable, une eau d'une qualité plus adaptée à leur nature, enfin des fonds commodes contre lesquels ils puissent frotter la partie inférieure de leur corps de la manière la plus favorable à la sortie des œufs et de la substance laiteuse. On se demande naturellement comment il se peut faire que des œufs déposés dans la vase ou sur le sable ne soient pas, ou bien corrompus par la décomposition des matières grasses qui les recouvrent, ou bien emportés par le mouvement des flots avant d'être fécondés. Ici encore l'instinct a des prévoyances qui aplanissent les difficultés et triomphent des obstacles. Les œufs sont toujours déposés dans des endroits où les aspérités du gravier les maintiennent en place malgré la fluctuation et les courants; les femelles et les mâles, en frottant leur ventre contre les fonds, les nettoient des ordures qui pourraient gâter l'œuf; et le plus souvent la laite qui arrose les œufs au sortir de l'abdomen, est éjaculée en quantité si considérable relativement à ce que nécessite la fécondation, que ce phénomène s'accomplit presque toujours en dépit des obstacles qui paraissent le rendre incertain.

Lorsque le mâle approche d'un endroit où les œufs ont été déposés, on voit sa marche s'accélérer, ses mouvements s'animer, il passe et repasse plusieurs fois au-dessus du frai et lance enfin sur lui la laite. Parfois on voit ces animaux se mêler en se jouant aux femelles,

les suivre et frotter en même temps qu'elles leur abdomen sur le gravier. Quelques naturalistes (1) pensent que l'odeur des œufs attire ainsi les mâles et que la jouissance qu'ils semblent éprouver au moment de la fécondation a surtout son siége dans l'odorat qui est le sens le moins obtus des poissons.

L'œuf fécondé est abandonné à l'influence des rayons du soleil ; les parties molles de l'embryon se forment les premières : le cœur d'abord, puis les viscères principaux ; enfin, on distingue les rudiments du squelette et on peut observer le mouvement rapide de rotation que le fœtus exécute dans la coque fibreuse qui l'enferme. Cette membrane se rompt bientôt, et (chose singulière !) le jeune poisson dans les quelques heures qui suivent sa sortie de l'œuf prend plus d'accroissement que durant les vingt premiers jours de sa vie. La multitude des poissons qui à certaines époques descendent le long de nos côtes par colonnes innombrables pareilles à des bancs de sable, quelque énorme qu'elle soit, est loin d'égaler celle des œufs : car comptez ceux qui échappent à l'influence de la laite, qui pourrissent dans le limon ou sont entraînés dans les profondeurs de la mer ; retranchez encore du nombre des œufs éclos les fœtus qui périssent abandonnés aux hasards d'une frêle existence à laquelle il faudrait les soins de parents habiles et dévoués, et vous aurez une idée de la merveilleuse fécondité qui caractérise cette classe de vertébrés.

(1) Lacépède, entre autres.

Génération des insectes. — Quoique la plupart des insectes soient ovipares, quelques-uns mettent au jour leurs petits après leur sortie de l'œuf et sont appelés pour cette raison *Ovovivipares*. Les mœurs de ces petits animaux dénotent chez eux un instinct remarquable qui se traduit par les moyens ingénieux employés pour loger à l'aise leur famille, fournir à ses besoins, et pourvoir à sa défense. Quoique l'organe copulateur manque dans beaucoup de cas, les couples s'organisent, comme chez les oiseaux, aux approches du printemps parmi quelques espèces : vous observez la même tendresse, la même sollicitude. En sortant de l'œuf, les fœtus ne ressemblent ni à ce qu'ils seront plus tard, ni à leurs parents, et subissent avant d'arriver à l'état parfait des changements si considérables, qu'on ne peut mieux les désigner que sous le nom *de métamorphoses* En général ils passent par trois états bien distincts qu'on désigne sous les noms *d'état de larve*, *d'état de nymphe* et *d'état parfait*. Après l'éclosion présentant la plus grande analogie avec les vers, leur corps se divise bientôt en anneaux mobiles pourvus d'appendices locomoteurs : ces appendices sont formés par de petites masses charnues ou par des faisceaux de soies hérissées. Tant que l'insecte garde cette conformation, il est à l'état de larve, mais, quand après avoir éprouvé plusieurs mues, ses ailes se forment sous la peau, il se change en nymphe. Pendant cette seconde période de leur existence, ces singuliers animaux cessent de se nourrir et restent immobiles ; tantôt ils sont recouverts par une pellicule mince qui suit tous les contours des organes, tantôt la larve se prépare un abri et se renferme dans une coque qu'elle fabrique avec de la soie sécrétée par les glandes salivaires et filée par de petites échancrures creusées dans les lèvres. L'évolution achevée, l'organisme complété, l'animal adulte rompt les enveloppes qui l'emprisonnent, déploie ses ailes et, quittant le sol sur lequel il rampait, s'envole dans les airs. Je ne reviendrai pas sur les généralités que j'ai légèrement touchées au sujet de ces transformations. — En abordant une matière si vaste, qui demanderait plusieurs volumes pour être mise dans tout son jour, je ne réussirais qu'à soulever des difficultés sans parvenir à les résoudre; je me contente d'avoir indiqué le point vers lequel nous devons tourner nos regards et d'où jaillira peut-être la lumière; — pour le reste je m'en remets au temps qui féconde les idées, au hasard qui, en facilitant les recherches, ouvre à la science des horizons inconnus.

A mesure que nous descendons dans la série des êtres, la moralité s'efface, l'organisme se simplifie, les fonctions vitales localisées précédemment se confondent, les sexes auparavant séparés se réunissent sur le même individu. Cette disposition physique que nous avons signalée dans les plantes porte le nom d'Hermaphrodisme. Les cas peu nombreux d'hermaphrodisme se trouvent dans les mollusques et les molluscoïdes. Parmi ces animaux, les uns pour se reproduire ont besoin du concours de deux individus dont chacun remplit réciproquement le rôle de mâle et de femelle; les autres se fécondent eux-mêmes et se suffisent dans l'acte générateur.

MONOGÉNIE. — Ici les sexes disparaissent et commence la *monogénie.* La fonction génératrice n'a plus d'organes spéciaux, la faculté de reproduire, localisée dans un appareil, se développe indifféremment sur tous les points de l'organisme. Tantôt, comme chez les polypes, c'est un bourgeon qui s'élève et est destiné à remplacer l'être qui l'a nourri : dans ce cas la génération est dite *Gemmipare.* Tantôt, lorsque la croissance de l'individu est achevée, les principes qui servaient à son alimentation sont détournés et employés au profit de l'espèce. Alors l'animal se fractionne, et chaque partie d'un être précédemment unique constitue autant d'êtres analogues au premier. Je n'entrerai pas dans les détails que le sujet pourrait me fournir sur la génération *Fissipare* et la précédente. Laissons à l'observation le temps de préciser des faits trop incertains, de grouper ensemble des phénomènes qui s'expliquent mutuellement et dont on n'a pu saisir encore le lien ; remarquons seulement qu'ici, où l'œuvre génératrice est réduite à sa plus simple expression et dépouillée de toutes les complications qui l'entourent chez les êtres supérieurs, brille du plus vif éclat une vérité physiologique à laquelle nous devons la destruction de tant et de si vieilles erreurs. — C'est là, en effet, que nous avons pu suivre plus aisément le travail mystérieux de la nature, et nous convaincre que la vie se propage et se transmet d'une manière insensible et lente du générateur à l'être engendré.

---

§. III.

CONCLUSION.

Malgré les immenses progrès que nous avons fait dans la science Botanique depuis un siècle, la carrière est si vaste qu'il reste encore beaucoup à faire pour atteindre le but ; — quelque grand que soit le nombre des plantes que nous connaissons maintenant, il est aisé de pressentir que nous sommes loin de les connaître toutes. Quoique nous ayons dévoilé beaucoup de mystères ou découvert des choses non soupçonnées dans la structure et les fonctions des végétaux, que de phénomènes restent inexpliqués, que de faits se dérobent à nos investigations ! Si cela est vrai de l'ensemble du règne végétal, à plus forte raison faut-il le dire de la fonction génératrice. Des milliers de plantes dont le mode de reproduction est demeuré inconnu ou incertain, rangés dans la vaste classe des Cryptogames, attendent que le génie de l'homme ou le hasard vienne surprendre leurs secrets et dévoiler leurs mystères. La comparaison sommaire que nous allons établir entre les deux règnes ne portera donc que sur une portion restreinte du règne végétal, et devra nécessairement être incomplète ; néanmoins ce que nous en dirons suffira pour faire comprendre l'ordre admirable et la dégradation insensible qui s'observent dans tous les êtres.

DIFFÉRENCES. — Une différence de structure qui frappe au premier abord, c'est l'absence générale d'organe copulatenr dans les végétaux. Chez eux, de même que chez les animaux inférieurs, le liquide fécondant se répand des organes mâles sur les organes femelles, mais il y a cela de différent que la fécondation est toujours intérieure. L'ovule restant constamment attaché à la plante, il n'y pas de ponte, et la graine qui se développe dans l'intérieur de cet ovule n'abandonne l'organe sur lequel elle est fixée, que quand elle y a puisé tous les sucs qui doivent la rendre capable de germer. Il n'y a point d'organe propre à la sécrétion des ovules, ou plutôt, cet organe réunit les fonctions de l'utérus et de l'ovaire. Il faut encore signaler comme une différence essentielle la fréquence de l'hermaphrodisme qui chez les animaux n'existe qu'à l'état d'exception. Les végétaux hermaphrodites, moins parfaits, sont plus nombreux que les monoïques et les dioïques qui doivent être classés avant eux.

ANALOGIES. — Les analogies paraissent plus nombreuses. La liqueur séminale est sécrétée par des follicules ou des glandes et éjaculée au moment de la fécondation sur l'organe femelle. La fécondation est déterminée par le contact de cette liqueur et de l'ovule; on trouve un *placenta* ou lacis de vaisseaux qui unit l'embryon à sa mère, et rend les rapports de nutrition plus intimes. Cest ici le lieu de mentionner un phénomène qui se reproduit plus sensiblement dans les végétaux, une loi dont les effets quoique affaiblis se constatent pourtant dans la série animale, et qui paraît être dans un rapport étroit avec la loi des germes formulée précédemment. Dans les dernières classes animales et dans un grand nombre de plantes, il est remarquable que la fonction génératrice, qui du reste ne s'accomplit qu'après l'entier développement de l'individu, précède ou détermine sa mort. Chez les classes plus élevées elle semble occasionner une altération physique, un affaiblissement des forces vitales. Chez les êtres où cette fonction est suivie de mort, la fécondité est exubérante, la profusion du germe immense, comme si la nature voulait dédommager l'individu en multipliant l'espèce, concentrer dans un seul acte toute la puissance reproductive d'un être, et opérer d'un seul coup ce qu'auraient effectué des générations successives. Quoi qu'il en soit, cet équilibre se maintient à tous les degrés de l'échelle végétale et animale entre le nombre des germes, celui des générations et la durée de l'existence. Ceci a conduit quelques philosophes à voir un rapport mystérieux entre l'amour et la mort, et à formuler ainsi la loi dont nous parlons : *la fonction qui conserve l'espèce tue l'individu* Il y a au fond quelque chose de vrai dans cette formule, mais elle n'en constitue pas moins une erreur, en ce sens qu'elle généralise un fait qui est loin d'être universel, et qu'elle attribue à l'acte générateur la destruction de l'individu, ce qui n'est pas démontré : au contraire on s'explique aisément que l'animal ou le végétal adulte ayant accompli sa croissance, atteint son maximum de développement à l'époque de la fécondation, dépérisse et se fane ensuite ; d'ailleurs quoique l'acte générateur suscite dans l'organisme une commotion puissante, quand elle reste dans les limites naturelles et ne se renouvelle pas trop fréquemment, cette commotion n'a rien de funeste,

TRANSFORMATIONS DE L'EMBRYON. — Mais où je trouve les analogies les plus frappantes, c'est dans le mode de développement de l'embryon et les différentes phases qu'il traverse. Récapitulons ce que nous avons dit à propos des animaux. Nous avons distingué : 1° Une période ovulaire ; 2° une période fœtale ; 3° une période transitoire ou d'allaitement. Que se passe-t-il lorsque la hernie du pollen déterminée par l'humidité visqueuse du stigmate a traversé le style, pénétré le tissu de l'ovaire et est descendue jusqu'à l'ovule? Ce sac membraneux formé par l'emboîtement de plusieurs tuniques de nature différente reçoit le nouvel être. La tunique la plus intérieure fournit une première sécrétion appropriée à la délicatesse de l'embryon ; elle est remplacée dans ces fonctions alimentaires par la suivante qui fournit probablement à l'embryon une nourriture plus substantielle — c'est ainsi qu'à chaque période de sa naissance, le jeune être reçoit des éléments en rapport avec ses organes, jusqu'à ce qu'ayant dévoré toutes les tuniques de l'ovule et terminé son existence ovulaire, il se mette en rapport avec l'ovaire. Il reçoit alors directement du végétal par le placenta une nourriture plus abondante et plus forte, et entre dans une seconde période analogue à l'existence fœtale. Au déclin de cette seconde phase, l'être qu'on trouve chez les végétaux comme chez les animaux est complétement organisé et ressemble, moins les proportions, à celui d'où il provient. Alors il est déposé au dehors, mais il n'est pas abandonné à lui-même. Dans un cas, le sein de la mère en transformant le sang dont il se nourrissait précédemment, y ajoutant de nouveaux matériaux ou modifiant ceux qu'il s'assimilait dans la matrice lui ménage une transition insensible et le prépare à subir une digestion plus laborieuse; dans l'autre cas, la nature, par une merveilleuse prévoyance, lui procure les avantages de cette transition en l'enveloppant d'un *endosperme* ou substance farineuse : soumise à certaines influences d'air, d'humidité et de chaleur, cette substance subit une transformation chimique qui la rend propre à être absorbée par le jeune végétal. Cette transformation constitue le phénomène de la *germination* et procure à l'embryon des aliments choisis qui le préparent à puiser dans le sol des principes étrangers et à se les assimiler. Comme on le voit la germination présente bien quelques analogies avec la période d'allaitement.

PROJET DE CLASSIFICATION. — Sans m'arrêter à discuter la valeur absolue que peuvent avoir pour une classification la structure de l'appareil génital et les phénomènes dont l'ensemble constitue la génération, je ferai observer que les plus savants botanistes des temps modernes en ont fait la base de leurs systèmes. Linné à fondé sa classification sur le nombre des organes mâles et leur position par rapport aux organes femelles; plus tard Laurent de Jussieu a cherché des caractères plus généraux et plus vrais dans la conformation des graines et leur mode de développement; enfin ce que Jussieu a fait pour les végétaux, Cuvier l'a proposé pour le règne animal. C'est que les dégradations insensibles qui séparent les espèces les plus voisines et mettent souvent en défaut ou jettent dans l'incertitude les partisans du système présentement adopté, comme il arrive pour certaine espèces telles que les monotrèmes, les échidnés, etc., ces dégradations dis-je, se traduisent d'une manière plus nette dans les organes de la génération. On se rend compte de ce fait en faisant réflexion que si, en vertu de la loi d'harmonie, la perfection d'un organe, même peu important, doit être en rapport avec celle des autres organes d'un même individu, il est aussi naturel que les organes qui remplissent une fonction si importante en conservant l'espèce, indiquent, selon leur degré de simplicité ou de complication, la valeur de l'individu et soient, pour ainsi dire, la pierre de touche qui sert à l'apprécier. Mais, outre que cette structure nous donne une idée exacte du reste de l'organisme et de la perfection physique de l'être que nous examinons, elle nous avertit en même temps du degré de sa moralité. Une conformation plus délicate indique en effet des jouissances plus vives, des sensations plus étendues, des perceptions plus distinctes, un instinct plus savant, enfin des qualités morales plus élevées. Ce n'est pas sur ces qualités morales, j'en conviens, qu'on peut baser une classification, mais je ferai remarquer que la perfection morale, outre qu'elle est l'indice d'une organisation supérieure, n'est pas à dédaigner dans les détails d'un système. Il n'y a pas jusqu'aux habitudes, jusqu'aux mœurs que l'inspection des organes générateurs ne nous laisse deviner : ainsi nous avons remarqué que l'absence d'organe copulateur coïncidait avec la dissolution de la famille. Chez les végétaux les caractères que l'on tire de l'examen des étamines et des ovaires n'ont pas moins d'importance, et ici encore leur perfection est en rapport avec celle du reste des organes. Toutefois il y a un écueil à éviter : il faut savoir apprécier la valeur relative des caractères, et ne pas donner à tel signe, comme l'a fait Linné, une importance qu'il est loin d'avoir. Sa classification, j'en conviens, est simple, facile, et peut se pratiquer de prime-abord, mais elle n'est pas naturelle. Le nombre des étamines et leur position par rapport à l'ovaire ne sont pas des indices certains de la nature des végétaux et peuvent dans une foule de cas rapprocher des individus très-dissemblables; — il faut chercher les caractères dans un autre ordre de faits, comme dans l'existence des sexes, leur séparation sur la fleur ou l'individu, dans le mode de développement de l'embryon, la structure de la graine, etc. ; c'est là qu'on peut étudier l'organisme à son point de départ, et juger, d'après le nombre des transformations que subit l'individu, les soins plus ou moins multipliés que prend de lui la nature, la perfection de ses organes. Enfin, cette classification, avec les avantages que nous venons de signaler, aurait celui de réunir sous un principe commun les deux règnes qu'on a peut-être trop séparés jusqu'ici.

Classification de Cuvier. — Cuvier envisageant sous ce point de vue tous les animaux admettait quatre formes générales de génération, correspondant à des caractères plus ou moins tranchés de l'organisme.

1° Au plus bas degré de l'échelle, la génération consiste simplement dans le détachement d'un germe; or, ce germe, chez les êtres les plus simples, pousse indifféremment sur toutes les parties du corps, il n'y a point d'organes exclusivement affectés à la génération, le nouvel être s'engendre partout et sort de son parent à la manière d'un fruit mûr qui tombe.

(Remarquons que Cuvier semble caractériser exclusivement le monogénie gemmipare).

2° Au degré immédiatement supérieur on commence à trouver des sexes; il y a un organe spécial qui sécrète le germe, et un autre organe spécial qui sécrète l'élément propre à le féconder. Le germe ne se détache qu'après la fécondation.

(Ceci est incorrect; il faudrait dire que tantôt la fécondation est intérieure comme chez les serpents, tantôt, et le plus souvent, extérieure comme chez les poissons).

3° Au troisième degré nous trouvons l'organe du germe, l'organe du fluide fécondant et l'organe de la copulation qui réunit les sexes dans l'acte générateur.

4° Au quatrième et dernier degré on observe que le germe fécondé, au lieu d'être expulsé au dehors, se développe dans un nouvel organe, l'utérus, exclusif au sexe qui produit le germe et qui caractérise les espèces dites vivipares.

Si la génération de l'ensemble des végétaux nous était mieux connue, il est probable que nous y trouverions des nuances analogues à celles que nous venons de signaler, et que nous pourrions établir des rapprochements curieux entre le mode de reproduction des Cryptogames et les monogénies Fissipare et Gemmipare.

MARCHE A SUIVRE DANS LE PROBLÈME DE LA GÉNÉRATION. — Mais ce qui me fait le plus regretter que ces espèces ne nous soient plus connues, c'est que je soupçonne dans les mystères ou les incertitudes qu'elles nous offrent des découvertes précieuses pour le problème de la génération. N'est-ce pas dans les plus basses séries du règne animal, là où la fonction reproductive se dépouille de tout ce qui n'est pas absolument indispensable à son accomplissement, que nous avons fait justice de *l'aura seminalis* et de tant d'autres erreurs, en constatant que la vie ne se crée pas comme on imprime le mouvement à un corps, mais qu'elle s'étend et se multiplie sans jamais s'interrompre ? Est-il improbable qu'une simplification analogue dans la fécondation des cryptogames ne vînt nous mettre sur la trace de la vérité en nous expliquant ce qui se passe au moment où l'ovule et le zoosperme sont en contact, et de quelle manière ils agissent vis-à-vis l'un de l'autre? D'ailleurs, ce n'est pas la seule raison qui doive nous faire diriger nos études sur les plantes. Considérez que de tous les obstacles qui s'opposent à la solution du problème, le plus grand, le plus invincible vient de ce que le scalpel qui fouille les profondeurs de l'organisme pour y poursuivre les mystères de la physiologie, en détruisant la vie, suspend toutes les fonctions, sert mal notre curiosité et trompe nos efforts. Et comment voulez-vous que l'anatomiste observe dans un cadavre ce qui s'opère sous l'influence mystérieuse de la vie ? Et puis l'incertitude où l'on est sur le lieu précis de la fécondation occasionne des tâtonnements et des erreurs. Ces obstacles disparaissent ou du moins s'effacent en partie dans l'observation des plantes. Les lésions des organes ont des effets moins violents, le travail physiologique s'effectue sous vos yeux, vous pouvez à votre aise varier et prolonger les expériences, enfin l'immobilité de l'ovule favorise vos recherches en vous précisant le point sur lequel vous devez concentrer votre attention.

On conviendra qu'il serait illogique de tenter la solution du problème par ses côtés les plus difficiles, et téméraire de prétendre trouver le secret de la génération au milieu des obscurités dont l'enveloppe l'organisme compliqué des animaux supérieurs. L'esprit de l'homme est ainsi fait qu'il doit commencer par les choses claires et aisées à comprendre, pour arriver par une chaîne de déductions à l'inconnu qu'il cherche. C'est pour avoir méconnu ce principe que l'antiquité marcha dans cette question d'erreur en erreur. — C'est parce que les modernes ont suivi cette méthode qu'ils ont pu arriver à entrevoir la vérité et à constater l'erreur. C'est en continuant de marcher dans cette voie que nous pourrons espérer de reculer encore les limites de la science.

Mettons-nous donc à l'œuvre avec ce principe Cartésien pour guide : « Commencer par les choses claires et faciles pour de là s'élever aux plus compliquées, » et ces deux mots pour programme : Observer et Comparer.

Tours, en mai 1858.

NOTE DE LA PAGE 37.

J'aurais pu prêter plus de force à mon hypothèse, et m'étendre indéfiniment sur les transformations des êtres, en montrant qu'elles s'observent non-seulement dans les êtres organiques, mais qu'elles se retrouvent peut-être dans le monde moral : c'eût été sortir de ma sphère, et d'ailleurs entasser suppositions sur suppositions. Je laisse encore de côté les analogies qui sont du domaine de la physique, et, sans m'arrêter à démontrer que tous les phénomènes dont s'occupe cette science, calorique, lumière, électricité sont simples des transformations d'une cause unique, le *mouvement*, des effets dus à l'intensité plus ou moins grande d'une même force qui se traduit par des vibrations, je ferai observer qu'il y a lieu de distinguer trois immenses époques de transformation dans l'existence de notre planète, époques caractérisées par le règne exclusif ou successif des minéraux, des végétaux et des animaux.

Sans doute la géologie est loin d'atteindre au but qu'elle s'est proposé ; — mais quelque incertains qu'on suppose les phénomènes dont elle nous a retracé l'histoire, ils ont suffi à nous faire entrevoir des horizons immenses et inconnus. Nous savons que les plus anciennes couches de sédiments étudiées ne sont pas celles qui se sont formées aussitôt après le premier refroidissement de la masse ignée, puisqu'elles contiennent des débris de végétaux et de mollusques qui n'auraient pu vivre à cette époque dans les eaux ou dans l'atmosphère. Il faut donc supposer que dans le principe, la masse de notre planète, liquide et en fusion, tournoyait sur elle-même, — immense fournaise dépourvue d'êtres animés, où se tordaient les métaux et qui dégageait d'abondantes vapeurs. Ces vapeurs liquéfiées auraient formé les océans, et, le refroidissement étant hâté par cette précipitation des eaux, une croûte solide fendillée aurait surnagé sur cette mer de feu.

Ensuite, les premiers végétaux offrant une analogie frappante avec des pièces de cristallisation (*columnaria oblonga*) apparurent sur un terrain aride, et leurs détritus fécondant le sol donnèrent naissance à de vastes forêts : ces forêts ensevelies par suite de l'affaissement des contrées où elle se trouvaient formèrent les bassins houilliers dont l'exploitation nous fournit un précieux combustible.

En fouillant dans les profondeurs de l'écorce du globe, et à mesure qu'on monte vers la surface, on observe dans les fossiles un perfectionnement organique, un progrès marqué ; — aux fougères et aux palmiers, végétaux cryptogames et monocotylédonés, succèdent des phanérogames et des dicotylédones. Les premiers animaux qu'on trouve sont des mollusques, puis de grands poissons, des batraciens énormes, des reptiles vivant dans les profondeurs de l'Océan, des serpents volants ; enfin on aperçoit des traces laissées par des pieds d'oiseaux, et plus tard des ossements d'échassiers fossilisés. L'existence des insectes est également signalée par des débris conservés intacts dans l'ambre Vers la même époque on constate l'apparition des mammifères didelphes et marsupiaux, et dans les derniers dépôts celle des pachydermes et des ruminants ; enfin des ossements de singes semblent annoncer la venue prochaine du roi de la création, de l'être intelligent et libre qui doit à la longue maîtriser la nature, aplanir ou effacer les obstacles devant sa volonté. L'homme, qui résume en lui toutes les phases de la vie, symbole mystérieux des transformations antérieures du monde, vient enfin au jour et trouve une magnifique demeure préparée par les mains du Créateur. Cet être surprenant, l'alpha et l'oméga de l'œuvre divine, est, pour ainsi dire, le livre où Dieu a écrit en caractères jusque là incompris l'histoire et les merveilles de notre univers. Et, pour vous donner une idée du vaste système que j'entrevois flotter devant mes regards éblouis, je vous montre ce filament spermatique, ce ver, cet annélide, cet être d'une organisation élémentaire qui doit par une série de transformations former l'homme, l'animal le plus parfait. Ne voyez-vous pas dans ce phénomène une image des transformations antérieures à l'existence de l'homme sur notre planète, une manifestation cachée de la loi qui régit l'univers et qui veut que chaque chose, avant d'arriver à la perfection, traverse des phases préparatoires dont chacune sera un degré qui la rapprochera de plus en plus du type générateur ?

Tours, imp. LADEVÈZE.

www.ingramcontent.com/pod-product-compliance
Lightning Source LLC
LaVergne TN
LVHW010051230826
846091LV00005B/1916

* 9 7 8 2 0 1 9 9 5 8 2 1 3 *